AF864013

PEQUEÑA BIBLIOTECA

Los Planetas

James Muirden

Hemma ediciones

Contenido

El sistema solar

Nuestro planeta, la Tierra, pertenece a una familia de nueve planetas. Todos ellos giran alrededor del Sol, nuestra estrella. Juntos forman el sistema solar.

El sistema solar se formó hace miles de millones de años. Antes, sólo existía en el espacio una enorme y oscura nube de gas y polvo.

En el principio

Nuestro Sol y los planetas del sistema solar nacieron de una nube de polvo y gas que estaba en el espacio hace unos 4,600 millones de años.

La nube comenzó a girar y su gravedad atrajo el gas y el polvo hacia el centro. Después el centro se calentó mucho y empezó a arder. Así nació el Sol. El resto del gas y el polvo se fue condensando poco a poco para formar los planetas.

¿QUÉ ES LA GRAVEDAD?

La gravedad es una fuerza de atracción. En la Tierra, la gravedad atrae las cosas hacia el suelo evitando que se pierdan en el espacio. La gravedad del Sol mantiene a los planetas girando a su alrededor.
La primera persona que comprendió la gravedad fue Isaac Newton, en 1665. Se dice que pensó en esta fuerza de atracción al mirar una manzana caer desde un árbol.

EL NACIMIENTO DE LOS PLANETAS

(1) El Sol se formó en el centro, donde la nube espacial tenía mayor temperatura.
(2) La gravedad del Sol mantuvo parte del gas y del polvo a su alrededor. Los granos o partículas de polvo se condensaron, formando cuerpos cada vez más grandes.
(3) Estos cuerpos continuaron chocando unos contra otros, y crecieron hasta formar los nueve planetas.

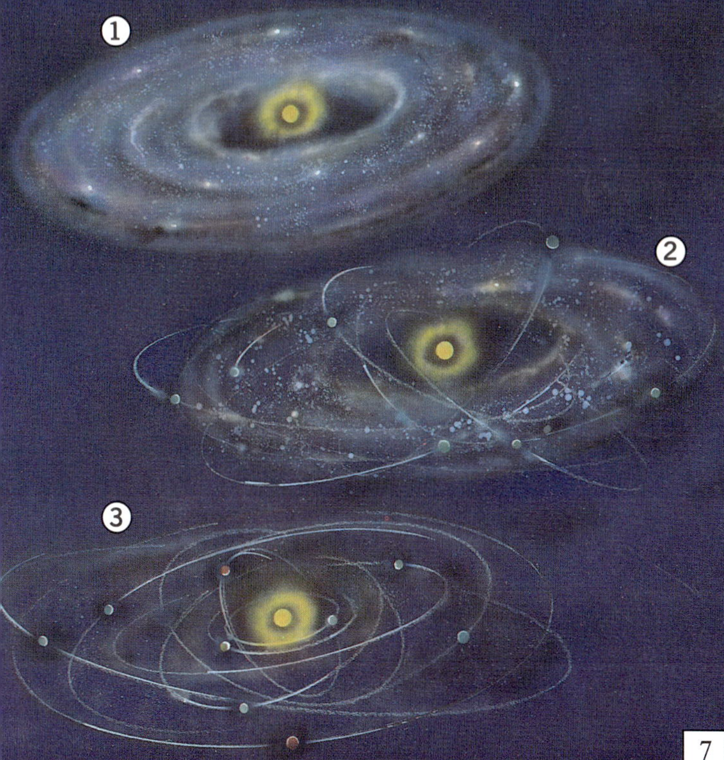

Una familia de planetas

Los nueve planetas se mueven alrededor del Sol en un recorrido en forma de elipse (ovalado) que llamamos órbita. El año de un planeta es el tiempo que tarda en dar una vuelta completa al Sol.

El Sol da luz y calor a los planetas con su brillo. Los planetas que están más cerca de él están más calientes y giran más aprisa.

DATOS SOBRE LOS PLANETAS

Nombre del planeta	**Tamaño (en relación con la Tierra)**	**Distancia al Sol (en millones de kilómetros)**	**Año (en tiempo terrestre)**
Mercurio	0.4	58	88 días
Venus	0.9	108	225 días
Tierra	1	150	365 días
Marte	0.5	228	687 días
Júpiter	11	778	11.7 años
Saturno	9.4	1,427	29.5 años
Urano	4	2,870	84 años
Neptuno	3.8	4,497	164.8 años
Plutón	0.2	5,900	248.5 años

Imagina que cortas la Tierra por la mitad y tomas la medida de su parte más ancha. Esa distancia es su diámetro. El diámetro de la Tierra es de 12,756 kilómetros. El diámetro más grande es el de Júpiter, de 142,800 kilómetros.

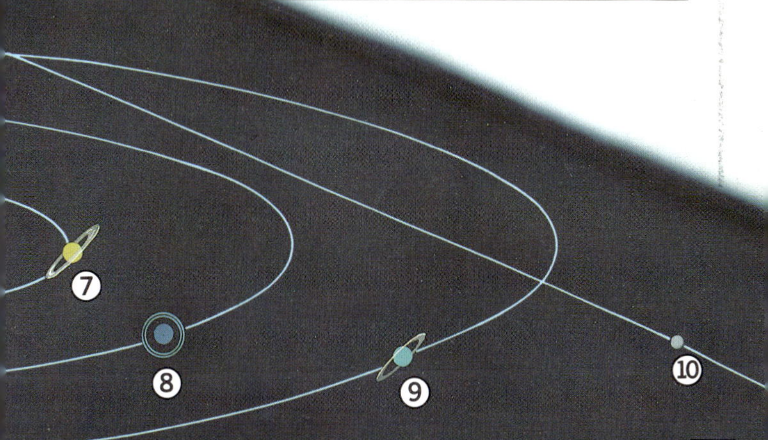

Grandes y pequeños

La Tierra nos puede parecer enorme, pero algunos de los planetas son mucho más grandes. El mayor es Júpiter. Es tan inmenso que podríamos meter como 1,300 Tierras en su interior. También Saturno, Urano y Neptuno son mucho más grandes que nuestro planeta.

Venus es casi del mismo tamaño que la Tierra, pero Mercurio, Marte y Plutón son mucho más pequeños. Plutón es pequeñito; ni siquiera alcanza el tamaño de nuestra Luna.

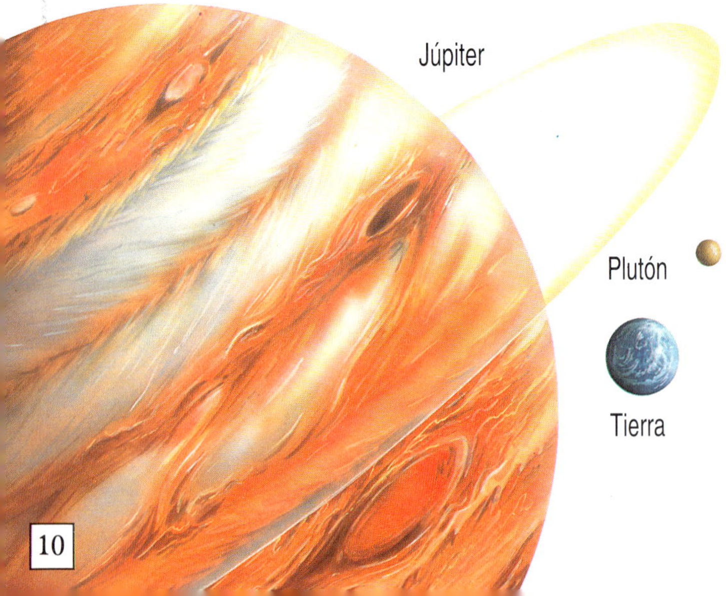

CONSTRUYE TU PROPIO SISTEMA SOLAR

Es difícil imaginarse con exactitud el tamaño del Sol en comparación con los planetas. Una forma de hacerlo es construir un pequeño sistema solar con cosas que puedes encontrar en tu casa.

Sol	Pelota de fútbol (22 cm de dimetro)
Mercurio	Pequeña semilla (no más de 1 mm)
Venus	Grano de tapioca (poco más de 2 mm)
Tierra	Grano de tapioca (poco más de 2 mm)
Marte	Cabeza de alfiler (poco más de 1 mm)
Júpiter	Nuez (26 mm)
Saturno	Canica grande (22 mm)
Urano	Perla (9 mm)
Neptuno	Perla (9 mm)
Plutón	Grano de azúcar (menos de 0.5 mm)

Para darte una idea de las distancias, coloca la tapioca que corresponde a la Tierra a unos 25 metros de la pelota de fútbol.

Los planetas de roca

Los cuatro planetas más cercanos al Sol están hechos principalmente de roca. Son Mercurio, Venus, Tierra y Marte.

La capa exterior de los planetas se llama corteza (1); debajo está el manto (2) y al centro se encuentra el núcleo (3 y 4). Así es como se ven por dentro los planetas de roca.

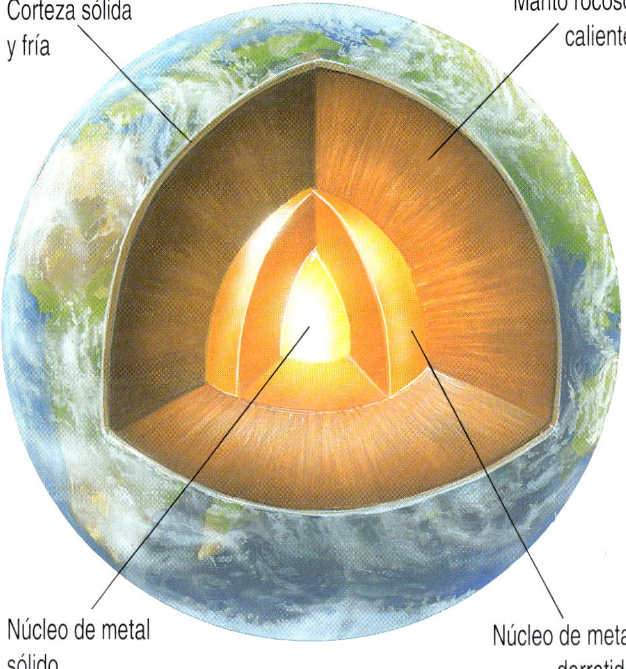

Mercurio

La corteza de Mercurio tiene muchos cráteres. Un cráter es un hueco hecho por una enorme roca espacial que chocó contra el planeta. Mercurio no tiene aire ni agua y es el más cercano al Sol. Durante el día, su seca superficie de roca se calienta más que un horno. En la noche, por el contrario, es más frío incluso que el polo norte y el polo sur de nuestra Tierra.

Los cráteres de Mercurio se formaron hace unos 4,000 millones de años, cuando rocas espaciales chocaron contra él y explotaron.

Venus

Aunque no sea el más cercano al Sol, Venus es el más caliente de los planetas. A diferencia de Mercurio, está cubierto de espesas nubes amarillas que guardan el calor solar como una manta. Su superficie puede alcanzar temperaturas hasta de 500 ºC, calor suficiente como para hornear una olla de barro.

Venus es oscuro también en el día. Siempre hay rayos que cruzan el brumoso crepúsculo.

Alguna vez tuvo volcanes en actividad.

Marte

Este planeta apenas tiene aire, y su superficie es un desierto horriblemente frío en el que la temperatura baja hasta 120 ºC bajo cero. A Marte se le llama el planeta rojo. Su suelo está cubierto de rocas y de una tierra roja y polvorienta que pinta el cielo de rosa cuando la levanta el viento.

En 1976, los Estados Unidos enviaron a Marte dos sondas espaciales *Viking*. Estos aparatos analizaron el suelo marciano en busca de alguna señal de vida pero no encontraron nada.

Nuestro planeta

Hasta donde sabemos, nuestro planeta es el único en el sistema solar con vida en su superficie. Esto se debe a que las plantas, los animales y todos los demás seres vivos necesitan agua, y la Tierra está a la distancia exacta del Sol para tener agua en su superficie. Más cerca del Sol, el agua herviría y desaparecería en el aire.
Más lejos se convertiría en hielo.

¿HAY VIDA EN OTROS PLANETAS?

Existen probablemente miles de millones de sistemas solares en el universo, pero demasiado lejos como para que los científicos puedan saber mucho acerca de ellos. Tal vez en algunos de esos sistemas solares, existen planetas como la Tierra, habitados por seres vivos.

La estrella Beta Pictoris está a unos 800 billones de kilómetros de la Tierra. Tiene una nube de gas y polvo a su alrededor, en la que pueden estar formándose nuevos planetas.

Si hay otros planetas con vida en algún lugar del universo cercano a nuestro Sol, los seres que viven en ellos tal vez envíen señales de radio al espacio. Algunos científicos utilizan radiotelescopios para tratar de captar estas señales.

Los radiotelescopios como éste se utilizan para escuchar las señales de radio del espacio. Son diferentes a los telescopios, con los que observamos objetos espaciales.

Los gigantes de hielo

Los cuatro planetas más grandes del sistema solar están formados principalmente de hidrógeno. Lo que vemos como su superficie a través del telescopio, es en realidad la capa exterior de turbulentas nubes heladas. Cualquiera que tratara de aterrizar en ellos se hundiría dentro de una espesa niebla de gases venenosos.

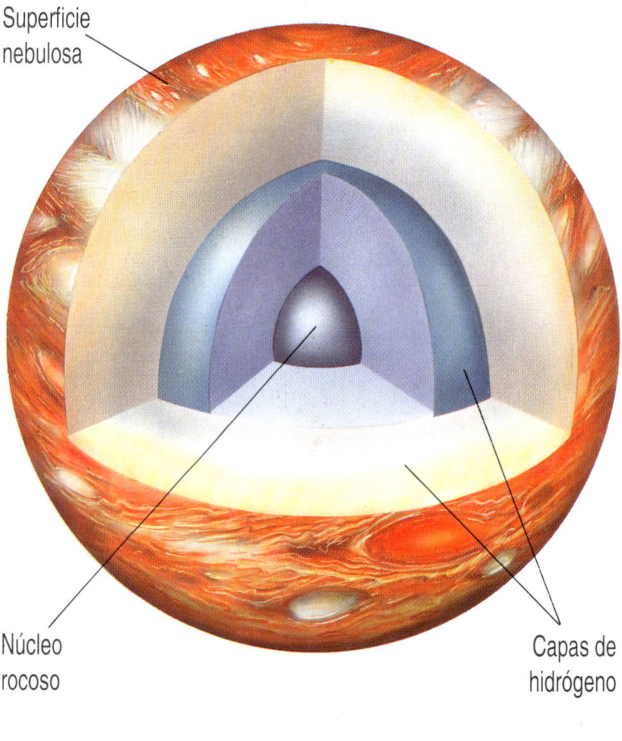

Júpiter

Los planetas giran sobre sí mismos igual que un trompo, y al mismo tiempo viajan alrededor del Sol. Un día es el tiempo que tarda un planeta en dar una vuelta sobre sí mismo. Júpiter es el planeta más grande pero es el que más rápido gira; por ello su día es el más corto. Desde el amanecer hasta el ocaso, en Júpiter pasan menos de cinco horas nuestras.

La superficie de Júpiter está cubierta de nubes de hermosos colores que forman bandas y remolinos conforme el planeta gira. Su gran mancha roja es un huracán gigante; ¡la Tierra cabría dos veces dentro de él!

Saturno

Este planeta es ligeramente más pequeño que Júpiter. También lo rodean nubes de colores pero menos brillantes. Saturno es famoso por sus resplandecientes anillos, que son diez veces más anchos que el diámetro de la Tierra.

Urano

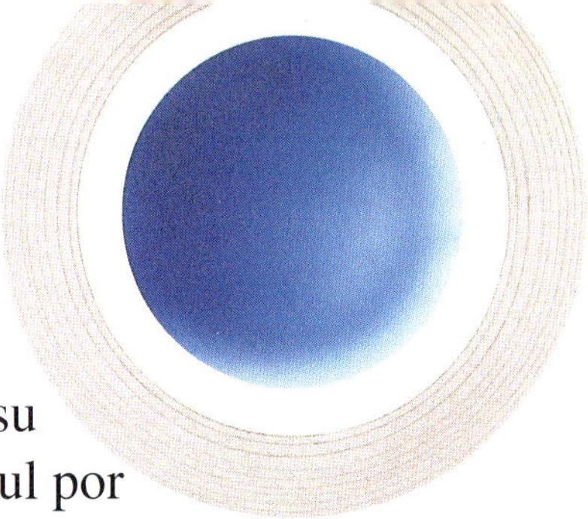

Este planeta se descubrió en 1781. Tiene muchos anillos delgados a su alrededor. Se ve azul por el metano, uno de los gases que lo cubren.

Neptuno

Éste es el más lejano de los planetas gigantes. Es similar a Urano pero un poco más pequeño. Se descubrió en 1846.

EL PLANETA MÁS DISTANTE

Plutón es generalmente el planeta más distante. Pero cada 248 años su trayectoria orbital lo lleva más cerca del Sol que Neptuno. Ahora se encuentra ahí y se quedará hasta 1999.

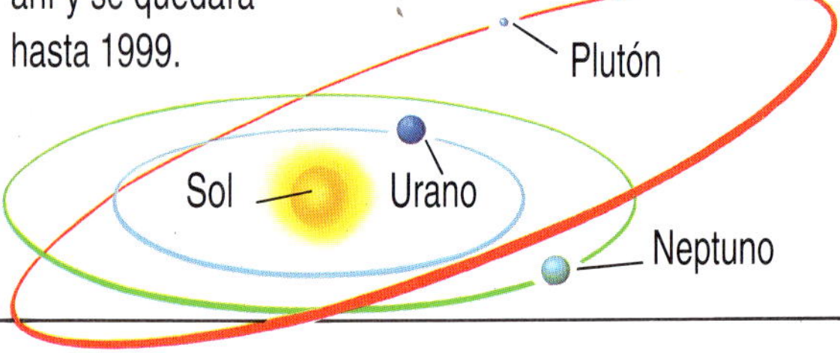

Plutón

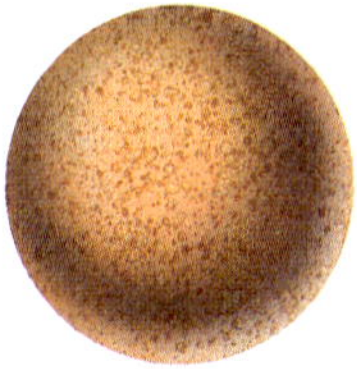

Plutón es el planeta más pequeño y, con 240 ºC bajo cero, es también el más frío. Tiene una luna llamada Caronte, que es casi de la mitad de su tamaño. Los científicos piensan que tanto Plutón como Caronte están hechos de hielo y roca.

Urano, Neptuno y Plutón están tan lejos de nosotros que es muy difícil verlos con claridad desde la Tierra, aunque lo hagamos con telescopios poderosos. Se sabía muy poco acerca de ellos hasta que, en 1986, la sonda espacial estadounidense *Voyager* 2 llegó a Urano y mandó algunas radiofotografías.

Anillos y lunas

Los cuatro gigantes de hielo tienen anillos. Estos anillos están formados por millones de pedazos de roca, polvo y hielo que se mantienen en torno a ellos. Los brillantes y anchos anillos de Saturno se muestran en la fotografía abajo. Los anillos de los otros planetas son menos brillantes.

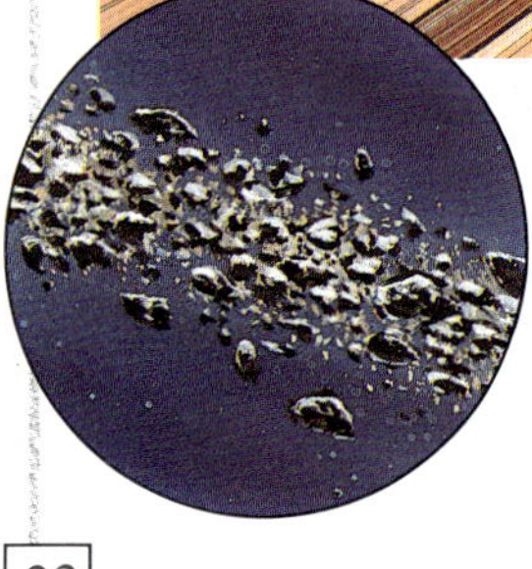

◁ Fotografías tomadas de cerca por sondas espaciales muestran que los anillos de Saturno se ven como esto. ¡Los pedazos de roca más grandes son probablemente del tamaño de un camión!

Lunas

Ganímedes

Las lunas o satélites son cuerpos de roca que giran en torno a los planetas. Casi todos los planetas tienen por lo menos una luna. Algunas lunas son más grandes que la Tierra, pero otras son mucho más pequeñas, pues miden sólo unos cuantos kilómetros de ancho. Al igual que Mercurio, la mayor parte de las lunas están cubiertas de cráteres.

Júpiter tiene 16 lunas; la mayor de ellas, Ganímedes, es la mayor de todo el sistema solar. Su diámetro mide 5,262 kilómetros.

DATOS SOBRE LUNAS Y ANILLOS

Nombre planeta	**Número de lunas**	**Número de anillos**
Mercurio	0	0
Venus	0	0
Tierra	1	0
Marte	2	0
Júpiter	16	3
Saturno	18	7
Urano	15	13
Neptuno	8	4
Plutón	1	0

Nuestra luna

Nuestro satélite, la Luna, es el cuerpo celeste más cercano a nosotros; está a sólo 384,000 kilómetros de distancia. A un cohete espacial no le tomaría mucho tiempo recorrer esta distancia. Pero si pudiéramos construir una carretera hasta allá, nos llevaría más de cinco meses alcanzar la Luna, viajando día y noche a una velocidad de 100 kilómetros por hora.

La superficie de la Luna es muy polvorienta. No hay agua que beber ni aire que respirar; de día hierve de calor y de noche hace un frío glacial.

OBSERVEMOS LA LUNA

La Luna está lo suficientemente cerca de la Tierra como para que podamos observar varias cosas muy interesantes con unos binoculares. En una noche clara, coloca unos binoculares sobre algo firme para que no se muevan.

Los círculos irregulares son cráteres. Se ven pequeños desde la Tierra, pero algunos son tan grandes que podrían contener varias ciudades enteras. Las manchas lisas son desiertos de lava que llamamos mares. La lava se derramó de grietas en la corteza lunar hace unos 3,000 millones de años.

Los asteroides

Los asteroides son como planetas muy pequeños; son fragmentos sobrantes de la formación de los nueve planetas. Hay millones de ellos en el sistema solar que giran alrededor del Sol. Forman un cinturón entre Marte y Júpiter. Casi todos tienen un kilómetro de diámetro, pero el diámetro del más grande mide 1,000 kilómetros.

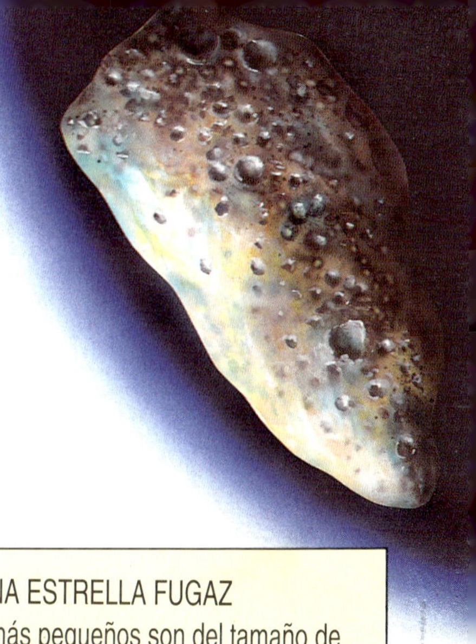

La sonda espacial estadounidense Galileo fotografió este asteroide en 1991. Se llama Gaspra y mide cerca de 17 kilómetros de lado a lado. Tal vez se desprendió de un asteroide mayor durante un colapso que ocurrió hace unos 200 millones de años.

BUSCA UNA ESTRELLA FUGAZ

Los cuerpos celestes más pequeños son del tamaño de un grano de arena. Cuando tocan la capa de aire que rodea a la Tierra, se encienden como un fósforo. Ésas son las estrellas fugaces que vemos en la noche. Cuando uno de estos cuerpos cae al suelo, se llama meteorito.

Para observar una estrella fugaz hay que hacerlo en una noche oscura y en el campo, lejos de las luces de la ciudad. Abrígate bien y recuéstate una media hora mirando las estrellas. Si tienes suerte verás pasar por lo menos una o dos.

Observa los planetas

La mejor manera de descubrir qué planetas están visibles en el cielo nocturno y dónde están, es mirar en un periódico que publique una sección de astronomía.

No encontrarás planetas señalados en un mapa celeste ordinario, porque están siempre en movimiento. Las estrellas sí se pueden señalar, pues su configuración no cambia.

Mercurio es por lo general difícil de ver, pero Venus, Marte, Júpiter y Saturno son muy brillantes; si sabes dónde buscarlos los encontrarás fácilmente sin la ayuda de un telescopio.

Para encontrar a Venus, busca una luz más resplandeciente que las estrellas, en el Este antes del amanecer o en el Oeste después del ocaso.

SÉ UN DETECTIVE DE PLANETAS

Aquí hay unas pistas de colores para ayudarte a encontrar algunos planetas. Marte es rojizo, Júpiter es blanco y por lo general más brillante que cualquier estrella, y Saturno es más opaco y amarillento.

Cuando pienses que has encontrado un sospechoso, registra en un mapa su posición entre las estrellas que lo rodean. Vuelve a observar una o dos semanas después; si ya se movió, probablemente es un planeta. Tal vez te será más difícil encontrar Saturno, pues se mueve más despacio y es más difícil diferenciarlo de las estrellas.

Con binoculares podrás ver las cuatro lunas más grandes de Júpiter; se ven como puntitos de luz muy cerca del planeta.

Índice